RÉPUBLIQUE FRANÇAISE

MINISTÈRE DU COMMERCE, DE L'INDUSTRIE
DES POSTES ET DES TÉLÉGRAPHES

EXPOSITION UNIVERSELLE INTERNATIONALE DE SAINT-LOUIS
EN 1904

COMMISSARIAT GÉNÉRAL DU GOUVERNEMENT FRANÇAIS

RÈGLEMENT·GÉNÉRAL

PARIS

IMPRIMERIE NATIONALE

MARS 1903

RÉPUBLIQUE FRANÇAISE

MINISTÈRE DU COMMERCE, DE L'INDUSTRIE
DES POSTES ET DES TÉLÉGRAPHES

EXPOSITION UNIVERSELLE INTERNATIONALE DE SAINT-LOUIS

EN 1904

COMMISSARIAT GÉNÉRAL DU GOUVERNEMENT FRANÇAIS

RÈGLEMENT GÉNÉRAL

PARIS

IMPRIMERIE NATIONALE

MARS 1903

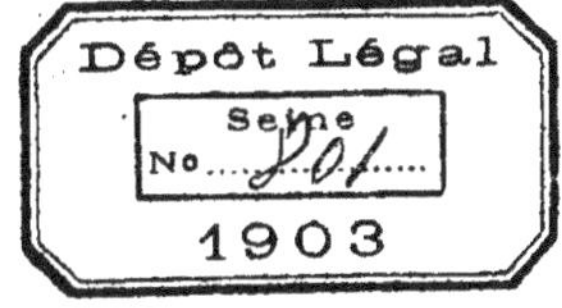

RÈGLEMENT GÉNÉRAL.

Adopté sous l'autorité et par application de l'Acte du Congrès des États-Unis ainsi libellé :

« Acte décidant la célébration du 100ᵉ anniversaire de l'acquisition du Territoire de la Louisiane par les États-Unis, par l'ouverture d'une Exposition des arts, de l'industrie, des manufactures et des produits du sol, des mines, forêts et mers, dans la cité de Saint-Louis (État de Missouri). »

Acte approuvé le 3 mars 1901, et dont copie est ci-jointe.

Ainsi qu'il a été légalement décidé, l'Exposition de la Louisiane se tiendra dans la cité de Saint-Louis (État de Missouri, États-Unis d'Amérique) et sera ouverte du 30 avril au 1ᵉʳ décembre 1904. Elle sera fermée le dimanche.

L'Exposition comprendra une exhibition des arts et des produits des manufactures, ainsi que de ceux du sol, des mines, forêts et mers. Elle aura pour objet la célébration de la cession de la Louisiane aux États-Unis par la France.

L'Exposition aura un caractère international, ainsi qu'il ressort des termes suivants de la Section 9 de l'Acte du Congrès :

« Quand le Président des États-Unis aura reçu, de la Commission nationale, notification des mesures prises pour l'achat de terrains et la construction de bâtiments en vue des fins susdites, il sera autorisé à publier, par l'intermédiaire du Département d'État, une proclamation faisant connaître la date à laquelle l'Exposition sera ouverte, et son objet. Il en fera tenir copie aux représentants diplomatiques des nations étrangères, ainsi que du texte des règlements qui pourront être adoptés par la Commission, afin que publication en soit faite, par leurs soins, dans leurs États respectifs.

« Il invitera, au nom du Gouvernement et du peuple des États-Unis, les nations étrangères à prendre part à l'Exposition et à y accréditer des représentants. »

Les dispositions et règlements généraux suivants ont été promulgués par la « Louisiana Purchase Exposition Cᵒ », après approbation de la Commission de l'Exposition.

ARTICLE Ier.

Section 1. Aux termes d'une proclamation du Président des États-Unis, datée du 20 août 1901, toutes les nations du monde sont invitées et seront admises à participer à l'Exposition dont il s'agit.

Section 2. Les terrains affectés à l'Exposition occuperont la partie occidentale du Forest Park et ses abords immédiats. Ils couvriront approximativement une superficie de mille (1,000) acres.

Section 3. La direction effective de l'Exposition sera exercée par le président du Conseil des directeurs de la «Louisiana Purchase Exposition Cº». Les principales divisions administratives seront au nombre de quatre; elles seront sous la direction de fonctionnaires ainsi désignés :

Directeur des Exhibitions;
Directeur de l'Exploitation;
Directeur des Travaux;
Directeur des Concessions et Admissions.

Des sous-divisions pourront être créées sous la haute autorité des directeurs et affectées à la surveillance des articles et produits exposés, ainsi qu'à la construction et à l'entretien des bâtiments. Chaque Département ainsi créé sera dirigé par un chef spécialement désigné.

Section 4. Le Bureau des transports aura l'entière charge de toutes les affaires relatives au transport des passagers et des marchandises, soit à destination, soit en provenance des terrains de l'Exposition, de quelque partie du monde qu'il s'agisse. Il fixera les tarifs et établira les classifications; il obviera aux retards et délais, et sera constitué de manière à étendre son assistance pratique et son système d'informations à tous les exposants et au public en général. Ce Bureau aura pour chef un fonctionnaire préposé au service des trafics et relevant directement du président.

ART. II.

Section. 1. En vue de la mise en œuvre de l'Exposition et pour la réalisation intégrale du plan général adopté, il sera pourvu à l'installation et à la sauvegarde des articles et produits exhibés, ainsi qu'à la construction des palais destinés à les contenir, dans les proportions et conformément au dessin théorique et à l'esquisse technique de l'Exposition.

Section 2. Afin de faciliter l'installation et dans l'intérêt d'une revue générale des articles exposés, une classification a été adoptée. Cette classification comprend un certain nombre de Départements ; chaque Département a été subdivisé en groupes et chaque groupe en classes. C'est conformément à cette classification que l'Exposition sera construite, l'installation poursuivie et le système des récompenses institué.

En conséquence, les sections seront établies selon la liste ci-dessous :

Département A. Éducation.	Département J. Horticulture.
B. Beaux-arts.	K. Forêts.
C. Arts libéraux.	L. Mines et métallurgie.
D. Manufactures.	M. Pêches et chasses.
E. Machines.	N. Anthropologie.
F. Électricité.	O. Économie sociale.
G. Transports.	P. Culture physique.
H. Agriculture.	

Les produits exposés seront répartis entre quinze (15) Départements, 144 groupes et 807 classes.

Art. III.

Section 1. Les directeurs des quatre divisions administratives et les chefs des différentes subdivisions pourront promulguer des dispositions et règlements particuliers, concernant le détail technique des opérations afférentes à leurs départements respectifs.

Section 2. Le Directeur des Exhibitions aura la charge d'installer, de contrôler et de sauvegarder les articles et produits destinés à figurer à l'Exposition.

Art. IV.

Section 1. La classification générale est déclarée partie intégrante des présents règlements généraux.

Section 2. La « Louisiana Purchase Exposition C°» se réserve, sauf approbation de la Commission de l'Exposition, le droit d'amender ou de corriger ladite classification à un moment quelconque avant l'ouverture de l'Exposition, sous condition d'en donner connaissance au public trente (3o) jours à l'avance.

Art. V.

Section 1. Le prix d'accès sur les terrains de l'Exposition sera de cinquante (5o) cents.

Section 2. Les droits des exposants et de leurs agents à être exemptés du payement de cette taxe, en raison de l'entretien de leurs exhibitions respectives, seront l'objet de l'interprétation la plus libérale. La Compagnie se propose toutefois d'en maintenir l'application dans de raisonnables limites.

Art. VI.

Section 1. La concession des emplacements pour les exhibitions sera entièrement gratuite.

Section 2. Des terrains seront gratuitement concédés aux Gouvernements étrangers, au Gouvernement des États-Unis, ainsi qu'aux Gouvernements particuliers des États, territoires ou districts de l'Union, pour la construction de leurs pavillons ou palais.

Art. VII.

Section 1. Ne pourront exposer des articles manufacturés que les producteurs ou fabricants de ces articles.

Section 2. La nationalité d'un article exposé sera déterminée par la contrée sous le pavillon de laquelle il sera exhibé, et non par la nationalité de l'exposant.

Section 3. Chaque nation étrangère participant à l'Exposition sera officiellement représentée auprès du président de la Compagnie de l'Exposition dans la personne d'un délégué accrédité par l'entremise du Secrétaire d'État des États-Unis ou de toute autre manière.

Section 4. L'attribution d'emplacements aux exposants des États dont les Gouvernements auront délégué des représentants officiels sera faite par l'entremise ou par les soins de ces représentants.

Section 5. Les négociations relatives à l'Exposition seront limitées, dans la mesure du possible, aux représentants officiels accrédités aux États-Unis par les États, territoires et districts respectifs. Toutefois le droit de conférer directement avec les particuliers demeure réservé.

Art. VIII.

Section 1. Toutes les demandes en concession de terrains à bâtir devront être enregistrées le 1er juillet 1903 comme date extrême.

Section 2. Les demandes en location d'emplacements pour des exhibitions dans l'intérieur des bâtiments de l'Exposition devront être enregistrées, au plus tard, aux dates respectives suivantes :

a. Pour les machines et le matériel mécanique destinés à être exposés en fonctionnement, 1er octobre 1903 ;

b. Pour les machines et le matériel mécanique non destinés à être exposés en fonctionnement, 1er novembre 1903 ;

c. Pour les œuvres d'art et les produits naturels et manufacturés non compris dans les deux catégories ci-dessus, 1er décembre 1903 ;

d. Pour les concessions spéciales à des individus, associations ou corporations, 1er décembre 1903.

Section 3. Toutes les demandes en location d'emplacements devront être faites par écrit, à l'adresse du Président de l'Exposition, et sur les formulaires délivrés par la Compagnie de l'Exposition.

Section 4. Toute demande en concession de terrains pour des exhibitions devra être accompagnée d'un croquis, à l'échelle d'un quart de pouce par pied, de l'édifice projeté, donnant la coupe horizontale du rez-de-chaussée, et, si possible, la façade ainsi que les lignes générales. Ces plans et esquisses d'installation devront être agréés par le chef du Département dans lequel l'exhibition sera appelée à prendre place, et approuvés par le Directeur des Exhibitions. Ils devront être conformes au dessin architectural préparé par le Directeur des Travaux, pour l'aménagement de l'intérieur de l'édifice.

Section 5. Les concessions accordées ne pourront être cédées à des tiers. Les exposants seront tenus de se limiter à l'exhibition des articles spécifiés dans la demande qu'ils auront déposée.

Art. IX.

Section 1. Toutes les communications afférentes à l'Exposition devront être adressées au président de la « Louisiana Purchase Exposition C° » à Saint-Louis, Mo. (États-Unis d'Amérique).

Section 2. Tous les colis contenant des articles destinés à être exposés devront porter l'adresse du président de la « Louisiana Purchase Exposition C° ».

Section 3. Des étiquettes facilitant la répartition des articles seront fournies par la « Louisiana Purchase Exposition C° », pour être fixées sur chaque colis. Ces étiquettes devront porter les informations suivantes :

a. Le Département dans lequel l'article devra prendre place;

b. La contrée, État ou territoire de provenance du colis;

c. Le nom et l'adresse de l'exposant et le nombre exact des colis envoyés par lui.

Section 4. Dans la mise en boîtes ou en caisses de chaque objet destiné à être exposé, on emploiera des vis, de préférence aux clous et aux cercles d'acier. Chaque colis devra être revêtu de l'adresse sur deux ou plusieurs faces. Il devra contenir un bordereau des marchandises qu'il renfermera.

Section 5. Les envois destinés à des pavillons différents devront être faits en colis séparés et non pas être groupés dans la même boîte, manne ou tonneau.

Section 6. Le fret et toutes les taxes afférentes au transport du matériel appartenant à des individus, tels qu'articles à exposer, matériel de construction, matériel et accessoires de concession, devront être acquittés d'avance au port d'embarquement, et les marchandises devront être remises à l'Exposition franches de tous droits ou redevances relatifs à leur transport.

Art. X.

Section 1. Si aucune personne dûment autorisée n'est présente pour prendre, — dans un délai raisonnable après son arrivée dans les bâtiments de l'Exposition, — livraison de l'article destiné à être exposé, celui-ci sera enlevé et emmagasiné aux frais et aux risques de son propriétaire ou du représentant, quel qu'il soit, de ce dernier.

Section 2. L'installation des articles lourds et demandant l'établissement d'une substruction solide pourra, sur l'autorisation spéciale du Directeur des Travaux, commencer aussitôt que le permettra l'état d'avancement des édifices.

Section 3. Aucun article ou objet exposé ne pourra être, ni partiellement ni dans son intégralité, retiré de l'Exposition avant la fermeture de celle-ci.

Section 4. Immédiatement après la fermeture de l'Exposition, les exposants devront retirer leurs exhibitions ainsi que la construction qu'ils avaient fait édifier. Cet enlèvement devra être achevé avant le 1er mars 1905. Tous les articles et tout le matériel demeurés sur place le 1er mars 1905 seront considérés comme abandonnés par l'exposant, et il pourra être procédé à leur enlèvement aux frais de ce dernier, ou bien la Compagnie prendra à leur sujet toute disposition qu'elle jugera convenable.

Art. XI.

Section 1. Tous les casiers d'étalage, armoires, rayons, comptoirs et installations similaires, requis pour l'exhibition des articles, seront établis à la charge de l'exposant. Toutes les transmissions de force : poulies, courroies et appareils analogues; tous les raccordements d'air comprimé, toutes les canalisations de raccordement aux conduits d'eau et aux égouts, seront payés par les personnes qui en auront fait la demande.

Section 2. Toutes les décorations et ornementations projetées par les exposants, relativement à l'installation de leurs articles ou produits, devront être conformes aux règlements et dispositions promulgués par le Directeur des Exhibitions, et recevoir l'approbation du chef du Département intéressé.

Section 3. Aucun exposant ne sera autorisé à disposer son installation de manière à priver de lumière, à incommoder ou à frapper d'un préjudice quelconque l'installation d'autres exposants.

Section 4. Le plancher d'un bâtiment de l'Exposition ne pourra être fendu, ni déplacé, ni ses fondations dérangées, et aucune partie constitutive de l'édifice ne pourra être utilisée aux fins de l'installation particulière des exposants, sauf autorisation du Directeur des Exhibitions approuvée par le Directeur des Travaux.

Section 5. Des règlements spéciaux sur la hauteur des plates-formes, des cloisons, des rails, des barrières, des casiers, des armoires, des comptoirs et de tout trophée ou élément de décoration seront promulgués par les chefs des différents Départements, sous l'approbation du Directeur des Exhibitions.

Section 6. Tous les projets d'aménagement des emplacements concédés devront tenir compte des restrictions énoncées dans les clauses ci-dessus. Le matériel employé pour recouvrir les comptoirs, écrins, cloisons ou planchers devra être soumis à l'approbation du Directeur des Exhibitions, après avis favorable des chefs de Départements, et ne pourra être en désaccord avec la couleur d'ensemble prescrite par le Directeur des Travaux.

Section 7. Des dispositions et règlements spéciaux destinés à compléter et à confirmer les dispositions et règlements généraux de la « Louisiana Purchase Exposition C°» pourront être édictés par les différents départements.

Art. XII.

Section 1. Tous les articles qui seront importés des contrées étrangères dans le seul but d'être admis dans les galeries de l'Exposition, et qui seront passibles d'une taxe ou d'un droit de douane, seront dispensés du payement de ce droit ainsi que de toute taxe ou charge de même nature, conformément aux règlements qui seront prescrits par le Secrétaire du Trésor, sous l'autorité de l'Acte du Congrès décidant l'ouverture de l'Exposition.

Section 2. Il ne sera pas contraire à la loi de vendre, à un moment quelconque de la durée de l'Exposition, pour être remis lors de la fermeture de celle-ci, les marchandises et objets de propriété quels qu'ils soient, importés en vue de l'Exposition et réellement exposés dans les bâtiments ou sur les terrains de celle-ci, sous réserve des règlements que le Secrétaire d'État pourra prescrire pour sauvegarder les intérêts du Trésor et assurer la perception des droits d'importation. Quand ces articles seront vendus ou retirés en vue de la consommation aux États-Unis, ils seront soumis au payement des taxes qui pourront leur être applicables aux termes de la loi de finances en vigueur au moment de leur importation. Toutes les pénalités prescrites sur ce point par la législation des États-Unis seront prononcées, à l'occasion desdits articles, contre les personnes qui se rendraient coupables d'une vente ou d'un retrait illégal.

Section 3. Des arrangements seront conclus avec le Gouvernement des États-Unis pour permettre le transport direct des marchandises étrangères, en transit, à destination des terrains de l'Exposition, qui seront déclarés « Entrepôt réel des douanes des États-Unis ».

Art. XIII.

Section 1. La Compagnie de l'Exposition prendra toutes les mesures possibles en vue de la sauvegarde des objets exposés et pour protéger la propriété des exposants. Elle ne sera responsable, toutefois, en aucun cas, du dommage que pourront souffrir les objets exposés, soit du fait d'un incendie, soit du fait d'un accident, d'un acte de vandalisme ou d'un vol, et quels que puissent être la cause ou le montant du dommage.

Section 2. Tout article d'un caractère dangereux ou incompatible soit avec l'objet et la dignité de l'Exposition, soit avec le confort ou la sécurité du public, sera exclu de l'enceinte de l'Exposition ou retiré de tout édifice ou emplacement quelconque, sur avis du Directeur des Exhibitions contresigné par le Président.

Section 3. Aucun article dangereux ou nuisible, y compris les médicaments patentés, remèdes secrets et préparations empiriques dont les ingrédients ne sont pas connus, ne sera admis à l'Exposition. Le Directeur des Exhibitions pourra, sauf approbation du Président, ordonner le retrait de tout article lui paraissant dangereux, nuisible ou incompatible, soit avec l'objet ou la dignité de l'Exposition, soit avec le confort ou la sécurité du public.

Section 4. La « Louisiana Purchase Exposition Cᵒ » n'endossera aucune responsabilité à l'égard des objets exposés; mais elle procurera aux exposants le moyen de les faire assurer, dans des conditions favorables, par des compagnies responsables.

Art. XIV.

Section 1. La publicité au moyen d'affiches, imprimés, circulaires ou par des procédés analogues sera interdite dans l'enceinte de l'Exposition, sauf sur autorisation des autorités compétentes, approuvée par le président de la Compagnie de l'Exposition; on ne pourra lui donner, même dans ce cas, que des proportions restreintes.

Section 2. Seules, les cartes commerciales des exposants et de courtes circulaires descriptives pourront être placées sans inconvénient dans les limites des exhibitions particulières, pour être distribuées au public. Toutefois le chef du Département intéressé aura toute latitude pour restreindre cette faculté des exposants, sous l'approbation du Directeur des Exhibitions, ou même d'en interrompre l'exercice, s'il en est fait abus ou si elle devient importune.

Art. XV.

Section 1. Les exposants seront responsables de la propreté de leurs emplacements particuliers, ainsi que des abords de ceux-ci.

Section 2. Tous les étalages devront être remis en ordre parfait, chaque jour, trente minutes au moins avant l'ouverture des portes au public. Aucun nettoyage ni travail de ce genre ne sera autorisé durant les heures où les visiteurs auront accès dans les bâtiments. Au cas où un exposant contreviendrait à cette interdiction, le chef du Département intéressé adopterait, sauf approbation du Directeur des Exhibitions, toute disposition que les circonstances pourraient suggérer.

Art. XVI.

Section 1. Aucune manne, tonneau ou caisse ne devra demeurer sur les terrains affectés à l'Exposition, lorsque son contenu aura été enlevé, excepté sur autorisation du chef du Département intéressé, approuvée par le Directeur des Exhibitions.

Section 2. La Compagnie de l'Exposition établira un entrepôt pour caisses, tonneaux et mannes, où ceux-ci seront remisés contre versement d'indemnités raisonnables au taux habituel des entrepôts similaires. L'usage en sera facultatif pour les exposants.

Section 3. La Compagnie pourvoira à ce que le transport des caisses, mannes et boîtes vides jusqu'aux entrepôts soit opéré à des prix modérés.

Art. XVII.

Section 1. Aucun article ou objet exposé ne pourra être dessiné, copié ou reproduit d'une manière quelconque sans la permission de l'exposant, approuvée par le Directeur des Exhibitions, ou sauf autorisation donnée par le président de la Compagnie.

Art. XVIII.

Section 1. Les exposants désireux de contracter un abonnement au service de l'électricité, de la vapeur, de l'air comprimé, de l'énergie à distance, du gaz ou de l'eau, en devront adresser la demande au chef du Département auquel ressortit leur exhibition. Aucune demande de cette nature ne sera accueillie si elle n'est écrite sur un formulaire imprimé délivré par le Directeur des Travaux, et dont il est fait remise par les chefs de Départements. La demande d'abonnement une fois approuvée par le Directeur des Exhibitions, le contrat sera exécuté par le Directeur des Travaux, au nom de la « Louisiana Purchase Exposition Cᵒ », aux conditions de prix que le tarif déterminera dans chaque cas. Le Directeur des Exhibitions et le Directeur des Travaux sont autorisés à fournir gratuitement aux exposants, quand ils le jugeront à propos, une quantité limitée d'énergie pour la mise en œuvre de machines, ou pour effectuer certaines opérations. On se réglera sur le caractère de l'exhibition en faveur de laquelle cette énergie sera demandée pour déterminer la dose qui pourra en être fournie gratuitement.

Art. XIX.

Section 1. Des concessions pourront être accordées pour des exhibitions particulières pour lesquelles sera perçu un droit d'entrée : pour des restaurants, divertissements, débits, et toutes autres entreprises compatibles avec l'objet et la dignité de l'Exposition. Ces concessions seront accordées dans des termes et à des conditions déterminés dans chaque cas particulier par les autorités compétentes.

Art. XX.

Section 1. Un catalogue officiel de tous les articles exposés sera publié en langue anglaise par la Compagnie de l'Exposition. Les Gouvernements étrangers et les Gouvernements des États, territoires et districts des États-Unis qui auront constitué des expositions collectives pourront en publier des catalogues séparés, sous l'approbation du Président, après avis favorable du Directeur des Exhibitions.

Section 2. La vente des catalogues sera le monopole exclusif de la Compagnie de l'Exposition.

Art. XXI.

Section 1. La Compagnie de l'Exposition organisera, équipera et entretiendra un service de police suffisant pour protéger la propriété et assurer la paix et le bon ordre.

Section 2. L'Exposition entretiendra une équipe de balayeurs et de cantonniers, dont la tâche sera de veiller à la propreté des voies d'accès, avenues et chemins en général, ainsi que des couloirs ouverts dans les bâtiments de l'Exposition. Toutefois la fonction et la responsabilité de ces employés ne s'étendront pas aux emplacements concédés pour les étalages ni à l'entretien des couloirs latéraux, ni aux bâtiments des Gouvernements étrangers ou des Etats particuliers ou des individus privés.

Section 3. Les exposants pourront employer des gardiens et hommes de peine choisis par eux et chargés de veiller sur leur matériel durant les heures où l'Exposition est ouverte aux visiteurs. Ces gardiens seront astreints aux mêmes règlements que les employés de la Compagnie. Toutefois aucun exposant ne devra confier à des subordonnés de cette catégorie le service dont il s'agit qu'après en avoir reçu du chef du Département intéressé une autorisation écrite approuvée par le Directeur des Exhibitions.

Section 4. Chaque État, commission, administration, corporation et individu, du fait de son admission au nombre des exposants, s'engage à se conformer à tous les règlements et dispositions établis en vue de la direction et de la mise en œuvre de l'Exposition.

Art. XXII.

Récompenses.

Section 1. L'attribution des récompenses sera basée sur le concours. Le mérite des objets exposés, déterminé par le Jury des récompenses, se manifestera par la délivrance de diplômes répartis en quatre classes : grand prix, médaille d'or, médaille d'argent, médaille de bronze.

Section 2. Aucun article exposé ne pourra être exclu du concours sans le consentement du président de la « Louisiana Purchase Exposition C° », après examen des motifs invoqués confié à des autorités compétentes qui seront désignées ultérieurement.

Section 3. Le Jury international comprendra une proportion de citoyens des États-Unis qui dépendra, dans une mesure déterminée, du nombre des objets exposés, mais qui sera approximativement de 60 p. 100 du nombre des jurés. La formation de ce jury sera réglée sur l'attribution, à chaque groupe de la classification, d'un nombre de jurés spécifié à l'avance, selon l'importance et la valeur des exhibitions de ce groupe.

Section 4. Les jurés de chaque groupe éliront un président. Celui-ci deviendra, de droit, membre du jury du Département. Les jurés de chaque Département éliront à leur tour un président qui deviendra, de même, membre du Jury supérieur.

Section 5. Des règlements spéciaux seront publiés ultérieurement, pour régler le mode d'attribution des récompenses et spécifier la proportion dans laquelle les pays étrangers seront représentés dans les divers jurys.

Section 6. La « Louisiana Purchase Exposition C° », sous approbation de la Commission de l'Exposition, assumera la charge de toutes les opérations relatives aux concessions d'emplacements aux exposants, à la classification des produits exposés et à l'attribution éventuelle des récompenses.

Certifié conforme :

WALTER B. STEVENS,
Secrétaire.

Le Président,
DAVID R. FRANCIS.